Animales del zoológico

El avestruz

Patricia Whitehouse

Traducción de Patricia Cano

Heinemann Library
Chicago, Illinois

© 2003 Reed Educational & Professional Publishing
Published by Heinemann Library,
an imprint of Reed Educational & Professional Publishing,
Chicago, Illinois

Customer Service 888-454-2279
Visit our website at www.heinemannlibrary.com

Designed by Sue Emerson, Heinemann Library
Printed and bound in the United States by Lake Book Manufacturing, Inc.

07 06 05 04 03
10 9 8 7 6 5 4 3 2 1

Library of Congress Cataloging-in-Publication Data
Whitehouse, Patricia, 1958-
  [Ostrich. Spanish]
  El avestruz / Patricia Whitehouse ; traducción de Patricia Cano.
  p. cm.--(Animales del zoológico)
Summary: An introduction to ostriches, including their size, diet, and everyday
behavior and highlighting differences between those in the wild and those living in zoos.
  ISBN 1-40340-335-X (HC), 1-40340-553-0 (Pbk.)
  1. Ostriches--Juvenile literature. [1. Ostriches. 2. Zoo animals. 3. Spanish language
materials.] I. Title.
QL696.S9 W4818 2002
598.5'24--dc21

                                                                2002068868

Acknowledgments
The author and publishers are grateful to the following for permission to reproduce copyright material:
Title page, pp. 4, 22, 24 Morton Beebe/Corbis; pp. 5, 21 D. Demello/Wildlife Conservation Society; p. 6 Richard Bickel/Corbis; p. 7 Ken Lucas/Visuals Unlimited; p. 8 Fred Bruemmer/DRK Photo; p. 9 Joe McDonald/Visuals Unlimited; p. 10L Jeremy Woodhouse/DRK Photo; p. 10R Steve Kaufman/Corbis; p. 11 Jo Prater/Visuals Unlimited; p. 12 Fran Coleman/Animals Animals; p. 13 Diane Shapiro/Wildlife Conservation Society; pp. 14, 18 Anup Shah/DRK Photo; p. 15 Brian Rogers/Visuals Unlimited; p. 16 John D. Cunningham/Visuals Unlimited; p. 17 Inga Spence/Visuals Unlimited; p. 19 M. P. Kahl/DRK Photo; p. 20 Mitsuaki Iwago/Minden Pictures; p. 23 (col. 1, T-B) Joe McDonald/Visuals Unlimited, Steve Kaufman/Corbis, Chicago Zoological Society/The Brookfield Zoo; p. 23 (col. 2, T-B) Morton Beebe/Corbis, Jim Schulz/Chicago Zoological Society/The Brookfield Zoo, David Samuel Robbins/Corbis; back cover (L-R) Joe McDonald/Visuals Unlimited, D. Demello/Wildlife Conservation Society

Cover photograph by Ken Lucas/Visuals Unlimited
Photo research by Bill Broyles

Every effort has been made to contact copyright holders of any material reproduced in this book. Any omissions will be rectified in subsequent printings if notice is given to the publisher.

Special thanks to our bilingual advisory panel for their help in the preparation of this book:

Anita R. Constantino
Literacy Specialist
Irving Independent School District
Irving, Texas

Aurora Colón García
Literacy Specialist
Northside Independent School District
San Antonio, TX

Argentina Palacios
Docent
Bronx Zoo
New York, NY

Leah Radinsky
Bilingual Teacher
Inter-American Magnet School
Chicago, IL

Ursula Sexton
Researcher, WestEd
San Ramon, CA

We would also like to thank Lee Haines, Assistant Director of Marketing and Public Relations at the Brookfield Zoo in Brookfield, Illinois, for his review of this book.

Unas palabras están en negrita, **así**.
Las encontrarás en el glosario en fotos de la página 23.

Contenido

¿Qué es el avestruz?

plumas

El avestruz es un ave.

Las aves tienen **plumas**
y ponen huevos.

En estado natural, el avestruz vive
en lugares donde hace calor.

Pero lo podemos ver en el zoológico.

¿Cómo es el avestruz?

El avestruz es el ave más alta del mundo.

¡Es más alto que una persona!

macho   hembra

El avestruz macho tiene **plumas** blancas y negras.

La hembra tiene plumas grises-café.

¿Cómo es la cría del avestruz?

Las crías del avestruz se llaman **polluelos.**

Los polluelos nacen de huevos.

Los polluelos tienen **plumas** esponjadas de color café y gris.

A medida que crecen se parecen más a sus padres.

¿Dónde vive el avestruz?

En estado natural, el avestruz vive en **sabanas**.

Unos viven en **desiertos**.

En unos zoológicos, el avestruz vive en **recintos** con pasto.

¿Qué come el avestruz?

En su ambiente natural, el avestruz come hojas y pasto.

A veces come insectos.

En el zoológico, el avestruz come
plantas y **granos.**

¿Qué hace el avestruz todo el día?

El avestruz se limpia las **plumas** con el pico.

A veces se baña en charcas.

El avestruz pasa tiempo comiendo.

A veces se echa a descansar.

¿Cómo duerme el avestruz?

El avestruz duerme echado.

Descansa con la cabeza sobre el cuerpo.

A veces el avestruz estira el cuello
cuando duerme.

¿Qué sonido hace el avestruz?

El avestruz hembra no hace ruido.

El avestruz macho ruge.

También sisea.

¿Qué tiene de especial el avestruz?

El avestruz tiene alas, pero no puede volar.

Corre muy rápido.

Los huevos del avestruz son los
huevos más grandes del mundo.

Son tan grandes como la mano
de un adulto.

Prueba

¿Recuerdas cómo se llaman estas partes del avestruz?

Busca las respuestas en la página 24.

?

?

?

Glosario en fotos

polluelo
páginas 8, 9

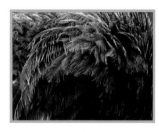

plumas
páginas 4, 7,
9, 14

desierto
página 10

granos
página 13

recinto
página 11

sabana
página 10

Nota a padres y maestros

Leer para buscar información es un aspecto importante del desarrollo de la lectoescritura. El aprendizaje empieza con una pregunta. Si usted alienta a los niños a hacerse preguntas sobre el mundo que los rodea, los ayudará a verse como investigadores. Cada capítulo de este libro empieza con una pregunta. Lean la pregunta juntos, miren las fotos y traten de contestar la pregunta. Después, lean y comprueben si sus predicciones son correctas. Piensen en otras preguntas sobre el tema y comenten dónde pueden buscar la respuesta. Ayude a los niños a usar el glosario en fotos y el índice para practicar nuevas destrezas de vocabulario y de investigación.

Índice

Respuestas de la página 22

cuello

plumas

patas

24